BEI GRIN MACHT SICH IHR WISSEN BEZAHLT

AF141184

- Wir veröffentlichen Ihre Hausarbeit,
  Bachelor- und Masterarbeit

- Ihr eigenes eBook und Buch -
  weltweit in allen wichtigen Shops

- Verdienen Sie an jedem Verkauf

Jetzt bei www.GRIN.com hochladen
und kostenlos publizieren

Blockchain als disruptive Innovation in der Zahlungsabwicklung am Beispiel von Bitcoin

Fritz Rueben

Bibliografische Information der Deutschen Nationalbibliothek:

Die Deutsche Nationalbibliothek verzeichnet diese Publikation in der Deutschen Nationalbibliografie; detaillierte bibliografische Daten sind im Internet über http://dnb.d-nb.de abrufbar.

ISBN: 9783346860392
Dieses Buch ist auch als E-Book erhältlich.

Druck und Bindung: Books on Demand GmbH, Norderstedt Germany
Gedruckt auf säurefreiem Papier aus verantwortungsvollen Quellen

Das vorliegende Werk wurde sorgfältig erarbeitet. Dennoch übernehmen Autoren und Verlag für die Richtigkeit von Angaben, Hinweisen, Links und Ratschlägen sowie eventuelle Druckfehler keine Haftung.

Das Buch bei GRIN: https://www.grin.com/document/1351562

Hochschule Fresenius

Fachbereich Wirtschaft & Medien

Studiengang: Digital Psychology

Studienort: Hamburg

Hausarbeit

Blockchain als disruptive Innovation in der Zahlungsabwicklung am Beispiel von Bitcoin

Fach: Digitale Innovationen

Abgabedatum: 07.08.2022

I. Inhaltsverzeichnis

II. Abbildungsverzeichnis

III. Abkürzungsverzeichnis

E-Geld	elektronisches Geld
Nonce	Number used once
P2P-Netzwerk	Peer-to-Peer-Netzwerk
S $_{\text{öffentlich}}$	öffentlicher Schlüssel
S $_{\text{privat}}$	privater Schlüssel
SEPA	Single Euro Payments Area

1 Einleitung

Am 31. Oktober 2008 sendeten einer oder mehrere Unbekannte unter dem Pseudonym Satoshi Nakamoto eine E-Mail mit dem Diskussionspapier *A Peer-to-Peer Electronic Cash System* an mehrere Kryptografie-Experten (Sixt, 2017). Darin beschrieb Satoshi ein elektronisches Zahlungssystem, das auf einem Peer-to-Peer-Netzwerk basiert und ohne vertrauenswürdige Intermediäre wie Zentral- oder Geschäftsbanken auskommt (Arnold, 2018). Anlässlich der Finanzkrise von 2007/2008, die im Wesentlichen durch das Platzen einer Immobilienblase in den USA verursacht wurde, war das Vertrauen in Banken zu diesem Zeitpunkt stark geschwächt (Arnold, 2018; Sixt, 2017). Trotzdem fand Satoshi in der Anfangszeit der Bitcoin-Blockchain nur wenige Mitstreiter (Rosenberger, 2018). Der erste Block wurde von Satoshi selbst im Jahr 2009 auf dem ersten Knoten des Bitcoin Netzwerkes erzeugt (Rosenberger, 2018). Den zweiten Knoten hat der Programmierer Hal Finney an das Netzwerk angeschlossen und über die Jahre schlossen sich immer mehr dem Bitcoin-Netzwerk an (Rosenberger, 2018). Heute besteht das Bitcoin-Netzwerk aus über 10.000 *Full-Nodes*, was die Knotenpunkte sind, auf denen die gesamte Bitcoin-Blockchain gespeichert ist (Scheider, 2019).

Im Jahr 2021 erlebten Krypto-Assets einen regelrechten Boom, bei dem der Bitcoin einen Rekordwert von 68.000 USD pro Bitcoin erreichte (Handelsblatt, 2022). Der mittelamerikanische Staat El Salvador erklärt den Bitcoin im September 2021 sogar zu einem staatlich anerkannten Zahlungsmittel (Dörner & Müller, 2021). Allerdings folgte mit dem Beginn des Jahres 2022 der Einbruch der Krypto-Märkte (Handelsblatt, 2022). Der Bitcoin verlor gegenüber seinem Höchststand von 68.000 USD 70 % an Wert (Handelsblatt, 2022). Auch eine Vielzahl anderer Krypto-Assets fielen stark in ihrem Wert, darunter auch sogenannte Stablecoins (Powell & Curry, 2022). Stablecoins sind an reale Vermögenswerte, meist an Fiat-Währungen, geknüpft, um einen stabilen Wert beizubehalten (Powell & Curry, 2022). Doch im Fall von Terra USD hat dies nicht funktioniert, was nach der Meinung von Experten neben steigenden Leitzinsen, dem Krieg in der Ukraine und der Inflation eine Ursache für den Krypto-Crash im Jahr 2022 ist (Powell & Curry, 2022). Dieser Crash beeinträchtige das Vertrauen der Anleger in Krypto-Assets in einem hohen Ausmaß (Powell & Curry, 2022). Und Vertrauen stellt die Grundlage jeder Währung dar (Rosenberger, 2018).

Jeder, der mit einer Währung zahlt, muss darauf vertrauen, dass sein Gegenüber der Währung auch vertraut und sie dementsprechend als Zahlungsmittel akzeptiert (Rosenberger, 2018). Wie gut eine Währung als Zahlungsmittel zu gebrauchen ist, hängt also vom Vertrauen in die Währung ab (Balz, 2020).

In der vorliegenden Arbeit soll das disruptive Potenzial der Blockchain-Technologie am Beispiel von Bitcoin im Bereich der Zahlungsabwicklung eruiert werden. Dazu werden zunächst die theoretischen Grundlagen geschaffen, bei denen die Funktionen von Geld und der Aufbau der Blockchain vorgestellt werden. Anschließend werden die klassischen Bezahlsysteme, angelehnt an den SEPA-Raum, mit der Zahlungsabwicklung von Bitcoins verglichen. Abschließend wird das Konzept der disruptiven Innovation aufgearbeitet und anhand dessen die (Bitcoin)-Blockchain-Technologie bewertet.

2 Theoretischer Hintergrund

Für die Beantwortung der Fragestellung wird in den folgenden Kapiteln die theoretische Grundlage geschaffen. Dabei werden zunächst die Funktionen von Geld und Währungen erläutert. Anschließend wird die Funktionsweise der Bitcoin-Blockchain ausführlich erklärt, dabei wird auf die der Blockchain-Technologie zugrundeliegenden Verfahren ausführlich eingegangen.

2.1 Funktionen von Geld und Währungen

Geld spielte in der Geschichte der Menschheit eine lange Zeit keine bedeutende Rolle (Hungerland et al., 2017). Dennoch zählt seine Erfindung sicherlich zu einer der wichtigsten Errungenschaften der Menschheit (Adelmann & Sheeler, 2021). Die Ökonomie früherer Kulturen basierte häufig auf Schenkungen (Hungerland et al., 2017). Güter und Dienstleistungen wurden, ohne dafür eine Gegenleistung zu erwarten, an Stammes- bzw. Familienmitglieder weitergegeben (Hungerland et al., 2017). Das Prinzip der Schenkung stieß jedoch schnell an seine Grenzen (Ametrano, 2016). Je geringer der Bekanntheitsgrad von Personen war, desto höher war auch das Bedürfnis nach einer Gegenleistung (Hungerland et al., 2017). So entwickelte sich zwischen den Stämmen unserer Vorfahren die erste Tauschgesellschaft (Rosenberger, 2018). Schnell wurde jedoch klar, dass durch den Tausch von Naturalien lange Tauschketten benötigt werden, um das Gut zu erhalten, was benötigt wird (Rosenberger, 2018). Zudem war der Transport der Güter sehr zeitaufwendig und umständlich (Hungerland et al., 2017). Schnell wurde klar, dass es eines stellvertretenden Tauschmittels bedarf, welches ersatzweise für die eine Seite des Naturaltausches eingesetzt werden kann (Hungerland et al., 2017). Dies war die Geburtsstunde des Geldes (Hungerland et al., 2017). Anfangs wurden Muscheln, Edelsteine und Felle eingesetzt, diese wurden jedoch im Laufe der Zeit von Münzen und letztendlich von Papiergeld abgelöst (Ametrano, 2016; Hungerland et al., 2017; Rosenberger, 2018).

Daraus lässt sich die erste von drei Funktionen des Geldes ableiten: Es ist ein Tauschmittel zum Bezahlen von Waren und Dienstleistungen (Balz, 2020). Wie gut Geld als Tauschmittel geeignet ist, hängt von der Akzeptanz ab, die ihm entgegengebracht wird (Hungerland et al., 2017). Wird Geld als Tauschmittel akzeptiert, muss es an anderer Stelle auch wieder gegen Waren und Dienstleistungen eintauschbar sein, da es sonst seinen Zweck nicht erfüllt (Balz, 2020).

Besitzer von Geld müssen darauf vertrauen können, dass sie das erhaltene Geld zu einem späteren Zeitpunkt gegen vergleichbare Waren eintauschen können (Deutsche Bundesbank, 2019). Entscheidend dafür ist die Wertstabilität des Geldes (Deutsche Bundesbank, 2019). Wertstabilität und Eignung als Wertspeicher zum Sparen stellt demzufolge die zweite Funktion von Geld dar (Deutsche Bundesbank, 2019). Der Wert des Geldes wurde früher z.B. beim Münzgeld durch den Materialwert gewährleistet (Rosenberger, 2018). Durch die Prägung von Gold- und Silbermünzen entstanden die ersten staatlichen *Währungen*, da so einerseits ihre Echtheit und andererseits ihr Wert durch einen Staat verifiziert wurden (Rosenberger, 2018).

Dies ermöglichte das Entstehen von großen Handelsplätzen, auf denen eine große Anzahl verschiedener Waren und Dienstleistungen angeboten werden konnte (Hungerland et al., 2017). Durch die Akzeptanz von Geld und dessen Wertstabilität konnte es als Recheneinheit zur Preisbestimmung und zum Vergleich der vielfältigen Angebote genutzt werden, was die dritte und letzte Funktion von Geld ist (Hungerland et al., 2017; Rosenberger, 2018).

Zu einem späteren Zeitpunkt wurde jedoch bemerkt, dass nicht nur Material oder Gewicht einer Münze den Wert bestimmen, sondern auch die Anzahl der Münzen sowie die Nachfrage nach ihnen (Rosenberger, 2018). Außerdem eigneten Münzen sich aufgrund ihres Gewichtes ebenfalls nicht sonderlich gut für den Alltag (Rosenberger, 2018). Aus diesen Gedanken entstand das erste Papiergeld und damit die erste Fiat-Währung (Rosenberger, 2018). Anfangs wurde vom Staat für ausgegebenes Papiergeld noch der Gegenwert in Gold oder Silber eingelagert (Balz, 2020). Mit der Zeit wurde dieses Konzept von der Teilabdeckung des Papiergeldes durch Gegenwerte abgelöst und letztendlich wurde das Konzept der Deckung durch Gegenwerte verworfen (Balz, 2020; Rosenberger, 2018).

Heutzutage werden nahezu ausschließlich Fiat-Währungen als Tauschmittel eingesetzt (Hungerland et al., 2017; Rosenberger, 2018). Der Geldwert entsteht durch den Beschluss gesetzgebender Organe (Balz, 2020). Die Akzeptanz einer Währung hängt im Wesentlichen vom Vertrauen in die staatlichen Institutionen ab, die hinter der Währung steht (Deutsche Bundesbank, 2019). In der Eurozone sind dies die Europäische Zentralbank und die Bundesbanken der verschiedenen Länder (Deutsche Bundesbank, 2019). Gemeinsam versuchen sie, den Wert des Euros stabil zu halten, da dieser sonst seine Akzeptanz als Tausch- und Wertaufbewahrungsmittel verliert (Balz, 2020; Deutsche Bundesbank, 2019).

Um den Geldwert stabil zu halten, greifen die Zentralbanken auf verschiedene Instrumente zurück (Europäische Zentralbank, 2022). Nur die Zentralbanken sind dazu berechtigt, den Euro in Umlauf zu bringen (Deutsche Bundesbank, 2021). Dementsprechend benötigen alle Geschäftsbanken ein Konto bei einer Zentralbank (Deutsche Bundesbank, 2021). Geschäftsbanken müssen bei der Zentralbank einen Kredit aufnehmen, um über ein entsprechendes Guthaben verfügen zu dürfen (Deutsche Bundesbank, 2021). Für diese Kredite zahlen die Geschäftsbanken Zinsen, welche durch den festgelegten Leitzins determiniert werden (Deutsche Bundesbank, 2021). Durch die Anpassung des Leitzinses ist es den Zentralbanken möglich, Inflation und Deflation entgegenzuwirken und mittelfristig eine Inflationsrate von 2 % zu erreichen (Europäische Zentralbank, 2022).

Von Geld und Währungen abzugrenzen sind sogenannte *private Vereinbarungen* wie Gutscheine oder regionale Zahlungsmittel (Adelmann & Sheeler, 2021; Deutsche Bundesbank, 2019;). Diese erfüllen die Funktionen von Geld nur teilweise und hinter ihnen steht auch keine staatliche Institution, die ihren Wert garantiert (Deutsche Bundesbank, 2019). Fälschlicherweise, werden häufig auch Krypto-Assets wie der Bitcoin als Währungen bezeichnet (Deutsche Bundesbank, 2019). Diese werden von den Zentralbanken zwar beobachtet, allerdings stehen sie nicht für deren Wert ein (Deutsche Bundesbank, 2019). Dementsprechend zählen auch Krypto-Assets zurzeit (noch) zu den privaten Vereinbarungen (Hanl & Michaelis, 2017).

2.2 Nutzung von Geld als Zahlungsmittel

Inzwischen kann zwischen drei verschiedenen Formen des Geldes unterschieden werden: Bargeld, Buchgeld und elektronisches Geld (E-Geld) (Rosenberger, 2018). Bargeld ist die physische Repräsentation von Geld, während das Buchgeld (auch Giralgeld genannt) nur in Form von Beträgen auf Giro- und Kontokorrentkonten existiert (Hungerland et al., 2017; Rosenberger, 2018). Elektronisches Geld wird bei Kreditkarten oder Online-Zahlungen verwendet, es stellt lediglich eine Vorauszahlung für die zeitverzögerte Zahlung mit Giralgeld dar (Rosenberger, 2018). Welche Form Geld hat ist prinzipiell wenig von Belang, wichtig ist, dass es als Zahlungsmittel akzeptiert wird. In Deutschland wurden im Jahr 2020 immer noch 60 % der Transaktionen mit Bargeld abgewickelt, während lediglich 29 % mit Girocard oder

Kreditkarte getätigt wurden (Balz, 2021). Auf Internetbezahlverfahren, wie *PayPal* wurde nur bei 2 % der Transaktionen zurückgegriffen (Balz, 2021).

Gründe für die Bevorzugung von Bargeld können nach der Deutschen Zentralbank (o.J.) auf die Vorteile von diesem zurückgeführt werden. Einerseits ist es das einzig gesetzlich anerkannte Zahlungsmittel, eine Bezahlung mit Bargeld kann also, sofern vorher nichts anderes vereinbart wurde, nicht abgelehnt werden (Deutsche Zentralbank, o.J.). Zahlung mit Giralgeld oder E-Geld allerdings schon. Zudem schützt Bargeld die Privatsphäre, da Zahlungen nicht auf dem Konto nachvollzogen werden können. Bargeld kann von jedem genutzt werden, unabhängig von der eigenen Digitalkompetenz und verfügbaren Geräten. Zahlungen können schnell, sicher und unabhängig von Dritten, die das eigene Geld in Form von z.B. Giralgeld für einen aufbewahren, abgewickelt werden (Deutsche Zentralbank, o.J.). Dementsprechend hoch ist der Stellenwert von Bargeld in der heutigen Gesellschaft zu bemessen (Balz, 2021).

2.3 Die Blockchain

Die Blockchain-Technologie basiert auf *Peer-to-Peer-Netzwerken (P2P-Netzwerke)*, die durch kryptografische Verfahren und Konsens-Algorithmen vor Manipulation geschützt sind (Fill & Meier, 2020; Schacht, 2019, Sixt, 2017). Im Wesentlichen stützen sich die kryptografischen Verfahren und Konsensalgorithmen dabei auf vier Technologien: *Hash-Funktionen, Merkle-Roots/-Proofs, digitale Signaturen* und *P2P-Netzwerke* (Fill & Meier, 2018; Schacht, 2019). Diese werden in den folgenden Kapiteln erläutert, um abschließend die Funktionsweise der Bitcoin-Blockchain vorzustellen.

2.3.1 Hash-Funktion

Mittels der Hash-Funktion lässt sich eine beliebig große Anzahl an Eingabedaten in Form von Zahlen mit einer fixen Größe speichern (Fill & Meier, 2020). Dabei wird häufig auf Zahlen im *Hexa-Dezimalformat* zurückgegriffen, also Zahlen, die sich aus den Nummern 0 bis 9 und den Buchstaben A bis F zusammensetzen (Fill & Meier, 2018). Diese lassen sich besser in die Binärdarstellung von Computern transformieren und sind mit weniger Rechenaufwand verbunden, als Zahlen mit zehn Ausprägungen (Fill & Meier, 2018; Schacht, 2019). Im Fall der Bitcoin-Blockchain wird die *Sha-256-Hashfunktion* verwendet, welche eine Zahl mit 78 Stellen im Hexa-Dezimalformat für die Eingabedaten erzeugt (Kerscher, 2018). Hash-Funktionen werden in der Informatik immer dann angewendet, wenn auf eine möglichst effiziente Weise nachvollzogen werden soll, ob eine Änderung in den Eingabedaten erfolgt ist (Fill & Meier, 2018).

Dafür eignen sich die Hash-Funktionen besonders gut, da sie sich durch drei Prinzipien auszeichnen: *das Diffusionsprinzip, das Konfusionsprinzip und die Kollisionsresistenz* (Fill & Meier, 2018). Für jeden Eingabewert wird genau eine Zahl generiert, was auch als Diffusionsprinzip bezeichnet wird (Berentsen & Schär, 2017). Dadurch kann auf einen Blick nachvollzogen werden, ob eine Änderung der Eingabewerte stattgefunden hat (Fill & Meier, 2018). Da der Hash-Raum mit z.B. 78 Stellen und 16 Ausprägungen sehr groß ist, geht die Wahrscheinlichkeit, dass zwei Eingaben denselben Hash-Wert erzeugen gegen null (Berentsen & Schär, 2017; Fill & Meier, 2018; Schacht, 2019). Dies wird auch als Kollisionsresistenz bezeichnet. Des Weiteren lässt sich anhand des Hash-Wertes kein Rückschluss auf die vorgenommenen Änderungen in einem Dokument ziehen. Es kann lediglich nachvollzogen werden, dass eine Änderung vorgenommen wurde, was auch als Konfusionsprinzip bezeichnet wird (Fill & Meier, 2018).

2.3.2 Merkle-Bäume

Das zweite wichtige Verfahren für die Blockchain sind die Merkle-Bäume, welche ihren Namen vom Erfinder Ralph Merkle erhalten haben (Fill & Meier, 2018). Dabei werden Hash-Werte von Dokumenten binär aneinandergehängt, um neue Hash-Werte zu generieren, wodurch eine Datenstruktur aus Hash-Werten entsteht (Merkle, 1988). Am Ende dieser Datenstruktur steht der Wurzelhash (Merkle-Root) (Merkle, 1988). In Abbildung 1 ist ein solcher Hash-Baum dargestellt.

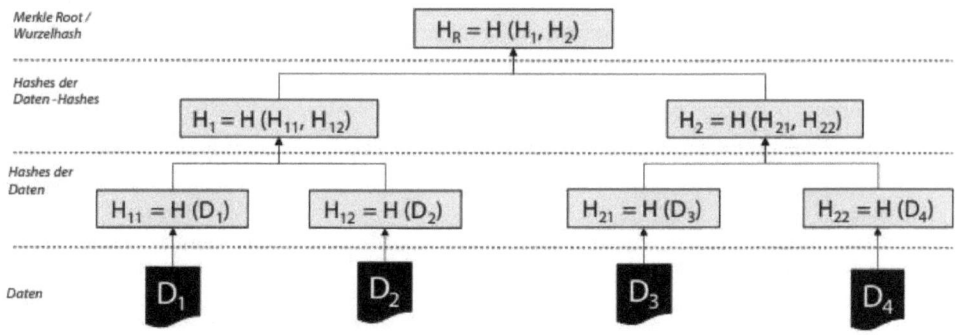

Abbildung 1: Der Merkle-Baum (Fill & Meier, 2018, S. 10).

In Abbildung 1 sind beispielhaft vier Dokumente mit unterschiedlichen Inhalten dargestellt. Diese werden mittels der Hash-Funktion in Hash-Werte transformiert, z.B. Dokument 1 (D_1) in den Hash-Wert H (D_1). Aus der Kombination mit dem Hash von D_2 (H (D_2)) wird der

Hash-Wert dieser Hash-Werte gebildet (H_1). Dasselbe geschieht mit den Hash-Werten von Dokument 3 und 4. Aus den daraus resultierenden Hash-Werten wird der Wurzelhash (H_R) gebildet (Fill & Meier, 2018). Diese Datenstruktur ermöglicht es nachzuverfolgen, ob in irgendeinem Dokument des Hash-Baumes eine Änderung vorgenommen wurde. Des Weiteren ermöglicht sie sogenannte *Merkle-Proofs* (Fill & Meier, 2018; Schacht, 2019). Durch Merkle-Proofs kann nachvollzogen werden, ob ein Dokument in einer Datenstruktur vorhanden ist, ohne den Inhalt der anderen Dokumente zu kennen. Lediglich das eigene Dokument und der Merkle-Baum müssen bekannt sein. Findet sich der Hash, des eigenen Dokumentes in der untersten Ebene des Hash-Baumes wieder und kann aus ihm und dem Nachbarhash zur Bildung des richtigen Wurzelhashs beigetragen werden, ist gesichert, dass dieses Dokument in der Datenstruktur enthalten ist (Fill & Meier, 2018). Im Kontext der Bitcoin-Blockchain, kann so das Vorhandensein einer Überweisung in der Blockchain effizient überprüft werden, ohne die Inhalte der anderen Transaktionen eines Blocks zu kennen (Fill & Meier, 2018; Schacht, 2019).

2.3.3 Kryptografie und digitale Signaturen

Kryptografische Verfahren werden seit langer Zeit zur Verschlüsselung digitaler Inhalte z.B. E-Mail verwendet und zur Verifikation der Echtheit dieser (Schuster et al., 2020). Inhalte könne sowohl mittels symmetrischer als auch asymmetrischer Verfahren verschlüsselt werden (Schacht, 2019). Symmetrische Verfahren bedienen sich dabei eines geheimen Schlüssels, der zum Verschlüsseln und Entschlüsseln der Daten benötigt wird (Schacht, 2019). Dieser wird meistens unverschlüsselt über andere Kommunikationswege mit dem Empfänger der Nachricht geteilt (Schacht, 2019). Dies birgt allerdings das Risiko, dass ein Dritter den Schlüssel abfängt und so den Inhalt der geheimen Botschaft erfährt (Schacht, 2019). Zudem ist es nötig, dass sich sowohl Sender als auch Empfänger der Botschaft kennen (Schacht, 2019).

Deshalb wird bei Blockchains auf eine asymmetrische Form der Kryptografie zurückgegriffen (Schuster et al., 2020). Dabei werden Daten mit dem Schlüssel S_1 verschlüsselt und dem Schlüssel S_2 entschlüsselt (Fill & Meier, 2018). Das Schlüsselpaar besteht aus einem privaten (S_{privat}) und einem öffentlichen ($S_{öffentlich}$) Schlüssel (Schacht, 2019). Jeder Teilnehmer eines Netzwerkes erhält sowohl einen privaten als auch einen öffentlichen Schlüssel (Schacht, 2019). Diese hängen durch eine Einwegfunktion zusammen, welche sich nur in eine Richtung einfach lösen lässt (Schuster et al., 2020). So kann aus dem Gesamtwert der Schlüssel nur schwer der Wert der einzelnen Schlüssel ermittelt werden, was Identitätsdiebstahl vorbeugt (Schacht, 2019). Vereinfacht gesagt können Teilnehmer des Bitcoin-Blockchain-Netzwerkes durch die Verwendung des S _{privat} auf ihre Bitcoins in der Blockchain zugreifen und so eine Transaktion tätigen (Fill & Meier, 2018). Die einzelnen Knoten können durch die Verwendung des S _{öffentlich} die Echtheit der Transaktion verifizieren und sicherstellen, dass diese nicht manipuliert wurde (Schuster et al., 2020).

2.3.4 Peer-to-Peer-Netzwerke

Netzwerke, die aus mehreren gleichen Teilen, z.B. Rechner-zu-Rechner-Verbindungen bestehen, werden im Allgemeinen als Peer-to-Peer-Netzwerke bezeichnet (Sixt, 2017). Die Bitcoin-Blockchain basiert auf einem solchen Netzwerk, welches dezentral organisiert ist, also ohne zentrale Instanz auskommt (Schacht, 2019; Sixt, 2017). In Abbildung 2 ist ein solches Netzwerk beispielhaft dargestellt.

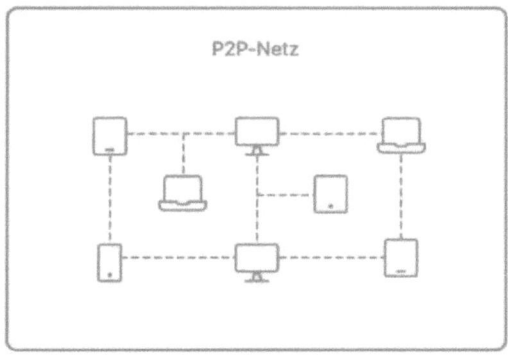

Abbildung 2: P2P-Netzwerk (Ledger Academy, 2019, o.S.).

Der Grundgedanke, bei der Verwendung eines P2P-Nertzwerkes für die Bitcoin-Blockchain ist, dass alle Netzwerkteilnehmer in ihrer Funktion gleichberechtigt sind und auf jedem Rechner die Daten der gesamten Blockchain gespeichert sind (Schacht, 2019). Mittels der Konsens-Algorithmen und zuvor erläuterten kryptografischen Verfahren, kann gewährleistet werden, dass auf allen Knoten der Netzwerkes die Blockchain in identischer Form vorliegt (Schacht, 2019). Da alle Knoten gleichberechtigt sind, muss jede Änderung von der Mehrheit der Knoten verifiziert werden, um in die Blockchain aufgenommen zu werden (Rosenberger, 2018).

2.3.5 Aufbau der Bitcoin-Blockchain

Die Bitcoin-Blockchain besteht aus einem verteilten P2P-Netzwerk, bei dem einzelne Datenblöcke miteinander verkettet werden (Fill & Meier, 2018). Innerhalb eines Blocks sind mehrere Transaktionen enthalten und im Fall der Bitcoin-Blockchain, darf der gesamte Block die Größe eines Megabytes nicht überschreiten (Schuster et al., 2020).

Die einzelnen Transaktionen der Bitcoins werden in Form von der Hash-Funktion Sha-256 repräsentiert und mittels Merkle-Bäumen miteinander verknüpft, wobei der Merkle-Root im Blockheader gespeichert ist (Fill & Meier, 2018; Schacht, 2019). In Abbildung 3 ist beispiel-haft der erste Block (Genesis-Block) und der zweite Block der Blockchain aufgeführt (Fill & Meier, 2018; Schacht, 2019)

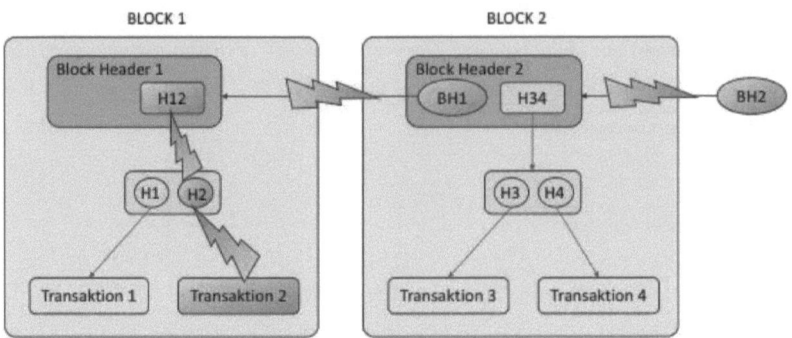

Abbildung 3: Aufbau der Blockchain (Fill & Meier, 2018, S. 21).

Jeder anknüpfende Block, enthält im Blockheader einen Verweis auf den Merkle-Root des vorherigen Blocks (Fill & Meier, 2018). Wie in Abbildung 3 zu sehen, würde eine nachträgli-che Änderung von Transaktion 2 zu einer Kaskade von Änderungen führen (Fill & Meier, 2018). Es müssten alle Blöcke der Bitcoin-Blockchain, ab dem Block mit der Änderung er-neut berechnet werden, um erneut eine Konsistenz der Hash-Referenzen zu erreichen (Fill & Meier, 2018). In Kombination mit dem verwendeten Konsens-Algorithmus (*Proof-of-Work*) und der Tatsache, dass der Bitcoin-Blockchain alle zehn Minuten ein neuer Block hinzugefügt wird, macht dies unbefugte Manipulationen der Blockchain quasi unmöglich (Schuster et al., 2020).

Um einen Block der Blockchain hinzuzufügen, muss ein kryptografisches Puzzle gelöst wer-den, für dessen Lösung Rechenarbeit geleistet werden muss (Fill & Meier, 2018). Die Lösung des Puzzles ist allein durch Rechenarbeit möglich, weshalb dieses Prinzip auch Proof-of-Work genannt wird (Schacht, 2019). Zu Verifikation des Blocks muss ein Knoten sein Ergeb-nis den anderen Knoten zur Verfügung stellen (Adelmann & Sheeler, 2021; Rosenberger, 2018). Diese überprüfen dann, ob der Bereitsteller des Blocks die enthaltenen Transaktionen korrekt validiert hat (Viehmann, 2019). Sofern dies der Fall ist, wird die neue Version der Blockchain von den anderen Knoten übernommen, ist dem nicht so, wird sie wiederum verworfen (Schuster et al., 2020). Welcher Knoten einen Block der Blockchain hinzufügen darf, wird durch den geleisteten Rechenaufwand determiniert (Fill & Meier, 2018). Konkret heißt das, wenn mehrere Blöcke in Konkurrenz zueinanderstehen, wird immer der mit dem meisten Rechenaufwand von den anderen Knoten verifiziert und übernommen (Schuster et al., 2020; Sixt, 2017).

Die Definition des zu lösenden kryptografischen Puzzles findet sich im Blockheader der Bitcoin-Blockchain wieder, welcher in Abbildung 4 vereinfacht dargestellt ist (Fill & Meier, 2018)

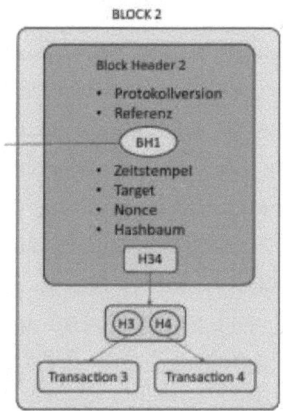

Abbildung 4: Blockheader der Bitcoin-Blockchain (Fill & Meier, 2018, S. 24).

Das Regelwerk, das zur Erstellung eines Blocks verwendet wird, ist durch die Protokollversion determiniert (Fill & Meier, 2018; Viehmann, 2019). Die Referenz verweist auf den vorherigen Block, was in Abbildung 4 der Verweis auf Block 1 ist (BH1) (Fill & Meier, 2018; Viehmann, 2019). Im Zeitstempel wird der Zeitpunkt der Blockerstellung festgehalten (Fill & Meier, 2018; Schacht, 2019). Die Number used once (Nonce) ist eine zufällige Zahlenfolge, welche zur Lösung des kryptografischen Puzzles benötigt wird (Fill & Meier, 2018). Der Merkle-Root verweist auf die im Block enthaltenen Transaktionsdaten, was in Abbildung 4 die Transaktionen 3 und 4 sind (Fill & Meier, 2018). Durch das Target wird die Schwierigkeit des zu lösenden Puzzles festgelegt, je größer diese Zahl ist, desto einfacher ist das Puzzle zu lösen (Schuster et al., 2020).

Zum Lösen des Puzzles wird aus der Protokollversion, der Referenz, dem Zeitstempel, dem Target, dem Wurzelhash und der Nonce ein Hash-Wert gebildet (Fill & Meier, 2018). Aufgabe der Knoten ist es, einen Hash-Wert zu finden, der sich aus diesen Teilen ergibt und kleiner als das festgelegte Target ist (Fill & Meier, 2018). Dafür probieren die Knoten verschiedene

Nonce aus, bis sie eine Nonce gefunden haben, die in Kombination mit den anderen Bestandteilen des Blockheaders einen Hash-Wert von geforderter Größe ergibt (Fill & Meier, 2018). Das Target kann z.B. eine Zahl mit 58 Nullen am Anfang sein. Dementsprechend müsste im Fall der Bitcoin-Blockchain ein Hash-Wert gefunden werden, der aus einem Bereich mit 20 Stellen stammt. Hätte das Target nur eine Null am Anfang, wäre der mögliche Zahlenbereich mit 77 Stellen deutlich größer und der Hash-Wert dementsprechend leichter zu finden (Fill & Meier, 2018).

Hat ein Knoten das Puzzle gelöst, schickt er seine Lösung an die anderen Knoten, welche diese leicht durch das Kombinieren der Nonce mit den anderen Bestandteiles des Blocks zu einem Hash-Wert überprüfen können (Fill & Meier, 2018). Liegt der daraus resultierende Hash-Wert unter dem definierten Target, wird der Block von den anderen Knoten verifiziert und übernommen. Die Knoten werden bei der Bitcoin-Blockchain auch als Miner bezeichnet (Viehmann, 2019). Die Miner, die einen Block der Blockchain hinzugefügt haben, erhalten für ihren geleisteten Rechenaufwand pro Transaktion eine Entschädigung in Form von Bitcoins (Fill & Meier, 2018). Die Entschädigung setzt sich aus den Transaktionsgebühren und den durch das Anhängen eines Blocks erzeugten Bitcoins zusammen (Rosenberger, 2018). Auf diese Art wird Geldschöpfung im Bitcoin-Netzwerk betrieben, bis die Maximalanzahl an Bitcoins erreicht ist (Rosenberger, 2018).

3 Zahlungsabwicklung im Vergleich

In den folgenden Kapiteln wird sowohl die klassische Zahlungsabwicklung als auch die Zahlungsabwicklung mit Bitcoins vorgestellt. Dabei wird der klassische Ablauf einer Überweisung vorgestellt und auf die damit verbundenen Kosten sowie auf den Zeitaufwand eingegangen.

3.1 Klassische Zahlungsabwicklung

Für die bargeldlose Bezahlung benötigen sowohl Absender und Empfänger ein Konto bei einer Geschäftsbank (Kaupp & Giera, 2018). Um ein Konto zu eröffnen muss die Person, die es eröffnen möchte, in den meisten Ländern ihre Identität offenlegen und bestätigen lassen (Jacobitz, 2021). Grundsätzlich kann beim bargeldlosen Zahlungsverkehr zwischen dem Massenzahlungsverkehr und dem Individualzahlungsverkehr unterschieden werden (Kaupp & Giera, 2018). Zum Massenzahlungsverkehr zählt z.B. die SEPA-Überweisung, dabei wird vor allem auf eine schnelle sowie kostengünstige Abwicklung und hohe Anzahl an Transaktionen pro Sekunde Wert gelegt (Deutsche Bundesbank, 2014; Kaupp & Giera, 2018). Zur *Single Euro Payments Area (SEPA)* zählen heutzutage bereits 36 Staaten, was die Überweisungen in der Eurozone deutlich vereinfacht und beschleunigt (Lietzau, 2022). Alle Überweisungen innerhalb des SEPA-Raumes werden aus technischer Sicht wie Inlandsüberweisungen durchgeführt (Kaupp & Giera, 2018).

Zum Individualzahlungsverkehr zählen Auslandsüberweisungen und Großbetrags-/Eilüberweisungen, wobei heutzutage Eilüberweisungen bis 15.000 € bereits zum Massenzahlungsverkehr zählen (Kaupp & Giera, 2018; Nestler & Siedenbiedel, 2018). Beim Großbetrag-Zahlungsverkehr werden meist pro Transaktion mehrere Millionen bis Milliarden Euro überwiesen, weshalb diese, wie Überweisungen in Fremdwährungsgebieten, über eine andere Clearingstelle laufen (Kaupp & Giera, 2018). In Abbildung 5 ist der Ablauf einer Auslandsüberweisung beispielhaft dargestellt.

Abbildung 5: Transaktionsschritte einer Überweisung (Eigene Darstellung in Anlehnung an Ledger Academy, 2019, o. S.).

Will der Sender dem Empfänger einen Betrag überweisen, so muss er dazu mit seinem eigenen Konto einen Überweisungsauftrag unter Angabe der Kontodaten des Empfängers erstellen (Kaupp & Giera, 2018). Dieser wird über die Frontoffice Webservices der Bank aufgenommen und an die Bank übermittelt (hier: Geldtransferbetreiber) (Kaupp & Giera, 2018; Ledger Academy, 2019). Die Bank übermittelt die Überweisungsdaten an die Clearinghäuser, was im Fall von Auslandsüberweisungen häufig die Bundesbank ist und bei SEPA-Überweisung die SEPA-Clearer (Kaupp & Giera, 2018; Ledger Academy, 2019). Ausnahmslos jede Überweisung muss durch die Clearinghäuser verifiziert werden, sie bilden also den Mittelpunkt des zentralisierten Banknetzwerkes (Ledger Academy, 2019). Die Clearinghäuser überprüfen, ob der Sender die Berechtigung hat, die Überweisung zu tätigen, also ausreichend Geld auf seinem Konto zur Verfügung steht und dass keine Doppelausgaben dieses Geldes vorliegen (Kaupp & Giera, 2018; Ledger Academy, 2019). Ist dies der Fall wird die Transaktion an die Bank des Empfängers weitergeleitet und diese schreibt den Betrag darauf dem Konto des Empfängers gut (Kaupp & Giera, 2018; Ledger Academy, 2019).

Wie lange eine Überweisung dauert und mit welchen Kosten diese verbunden ist, hängt vom zu überweisenden Betrag und dem Überweisungsziel ab (Ivanov, 2021; Lietzau, 2022; Nestler & Siedenbiedel, 2018). Innerhalb des SEPA-Raumes können Überweisungen bis 50.000 € kostenlos durchgeführt werden und erfolgen innerhalb von 24 Stunden (Ivanov, 2021; Kaupp & Giera, 2018). Zusätzlich bieten die meisten Geschäftsbanken den Service der Echtzeit-überweisung an (Nestler & Siedenbiedel, 2018). Dabei wird innerhalb weniger Sekunden der Betrag dem Empfängerkonto gutgeschrieben (Nestler & Siedenbiedel, 2018). Es können maximal 15.000 € überwiesen werden und die Kosten belaufen sich je nach Anbieter auf 0 € bis 5 € (Nestler & Siedenbiedel, 2018). Auslandsüberweisungen hingegen kosten mindestens 10 € und können abhängig vom Betrag bis zu 600 € kosten (Lietzau, 2022). Die Gutschrift auf dem Empfängerkonto unterliegt zudem keiner gesetzlichen Regulierung und kann theoretisch unbegrenzt lange dauern, i.d.R. dauert es allerdings zehn bis vierzehn Bankarbeitstage (Ivanov, 2021).

Neben der klassischen Zahlungsabwicklung bieten Fintechs wie *PayPal* und *Apple Pay* die Möglichkeit, Geld innerhalb von Sekunden per E-Mailadresse zu verschicken (Sixt, 2017). Allerdings fallen auch dabei Gebühren an, welche je nach Überweisungsziel und -art (privat vs. gewerblich) zwischen 1,49 % und 5,79 % des zu überweisenden Betrags liegen (PayPal, 2022).

3.2 Zahlungsabwicklung mit Bitcoins

Für die Zahlungsabwickelung mit Bitcoin benötigen Sender und Empfänger ein sogenanntes *Wallet* (Sixt, 2017). Dieses dient zum Senden und Empfangen von Daten und besteht im Wesentlichen aus dem privaten und öffentlichen Schlüssel des Wallets (Fill & Meier, 2018). Wichtig ist bei dem Erstellen darauf zu achten, den privaten Schlüssel irgendwo festzuhalten (Sixt, 2017). Sollte der S_{privat} verloren gehen, sind auch alle im Wallet enthaltenen Bitcoins verloren (Sixt, 2017).

In Abbildung 6 ist zu sehen, welche Schritte notwendig sind damit Alice an Bob Bitcoins senden kann (Ledger Academy, 2019). Dafür ist zunächst wichtig, dass sich die Bitcoins zu jeder Zeit in der Blockchain befinden (Traugott, 2022). Der S öffentlich des Wallets fungiert als eine Art Glasbox, in der die Bitcoins von Alice enthalten sind (Ledger Academy, 2019; Traugott, 2022). Jeder Teilnehmer des Netzwerkes kann anhand des S öffentlich sehen, zu welchem Wallet die Bitcoins gehören und wie viele in diesem enthalten sind (Traugott, 2022). Doch nur wer im Besitz des S privat ist, kann auf die Bitcoins in dem Wallet zugreifen (Fill & Meier, 2018).

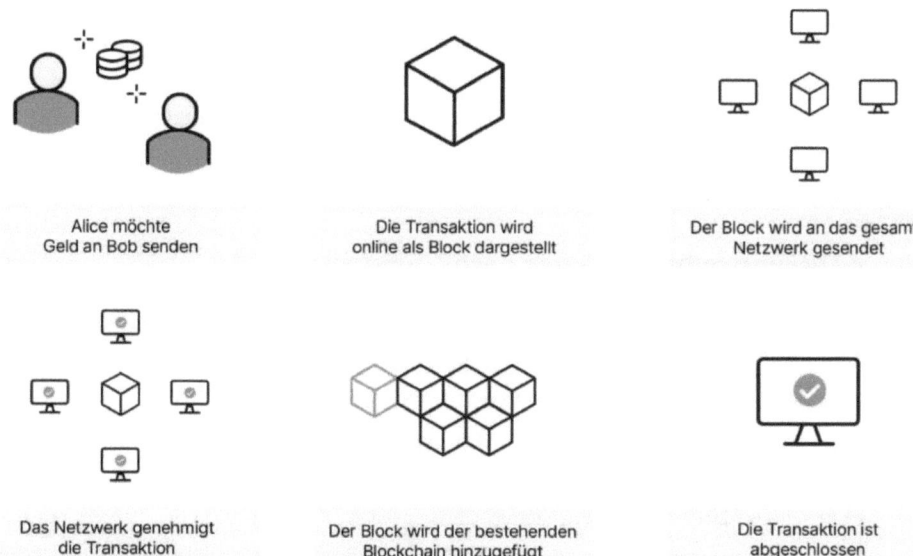

Abbildung 6: Zahlungsabwicklung mit Blockchain (Ledger Academy, 2019, o. S.).

In diesem Beispiel kann Alice mit ihrem S privat auf die Bitcoins in ihrem Wallet zugreifen und unter Angabe des S öffentlich von Bob, die Transaktion in Gang setzen (Fill & Meier, 2018; Ledger Academy, 2019). Die Transaktion findet Eingang in einem der nächsten Blöcke, die von einem Miner erstellt werden (Fill & Meier, 2018). Nach Lösung des kryptografischen Puzzles stellt der Miner seinen Block zur Verifikation dem Netzwerk zur Verfügung (Fill & Meier, 2018; Schacht, 2019). Sobald insgesamt sechs Bestätigungen von den anderen Knoten vorliegen, gilt der Block als verifiziert und wird an die Blockchain angehängt (Traugott, 2022). Damit ist die Transaktion abgeschlossen und die Bitcoins wurden in Bobs Wallet hinterlegt (Ledger Academy, 2019).

Durchschnittlich dauert es zehn Minuten einen Block zu minen und da sechs Bestätigungen benötigt werden, beträgt die durchschnittliche Transaktionsdauer 60 Minuten (Traugott, 2022). Zusätzlich ist die Transaktionsdauer von der derzeitigen Netzauslastung und Transaktionsgebühr abhängig (Traugott, 2022). Eine Bitcoin-Überweisung kann je nach Netzauslastung und Transaktionsgebühr auch in wenigen Minuten erfolgen, allerdings im schlechtesten Fall auch Tage in Anspruch nehmen (Traugott, 2022).

Den Minern ist es vorbehalten Transaktionen bevorzugt zu verarbeitet, die eine höhere Transaktionsgebühr an sie entrichten (Traugott, 2022). Prinzipiell ist die Transaktionsgebühr freiwillig, es kann also auch ohne Gebühr eine Transaktion getätigt werden, allerdings dauert dessen Verarbeitung dementsprechend länger (Fill & Meier, 2018; Traugott, 2022). Die Transaktionsgebühr ist unter anderem von der Größe der Transaktion in Bytes abhängig (Fill & Meier, 2018). Dabei gilt die Faustregel *satoshis per byte* (Traugott, 2022). Eine normale Transaktion hat die Größe von 200 Byte und 200 Satoshi entsprechen ca. 0,01 USD (Traugott, 2022). Die durchschnittlichen Kosten einer Bitcoin-Transaktion beliefen sich im Jahr 2019 auf 0,16 USD bis 6,85 USD (Fill & Meier, 2018).

4 Disruptive Innovationen nach Christensen

In seinem Buch *The Innovator's Dilemma* beschrieb Christensen (1997) erstmals die Theorie der disruptiven Innovation. Damit versuchte er eine Antwort auf die Frage zu finden, warum marktführende Unternehmen einer Branche scheitern (Christensen, 1997). Dafür analysierte er eine Vielzahl an Fallstudien und leitete darauf das Prinzip der *low-end disruption* ab (Christensen, 1997). Diese beschreibt Gründe für den fundamentalen Wandel in einer Branche (Schultz, 2019). Später erweiterten Christensen & Raynor (2003) die Theorie um das Konzept der *new market disruption*. Anhand dieser beiden Konzepte lässt sich rückblickend das Scheitern etablierter Unternehmen und der Aufstieg neuer Unternehmen erklären, sowie die damit einhergehenden Umbrüche in einer Branche (Schultz, 2019). Kritisiert wird häufig, dass die Vorhersagekraft der Theorie nur sehr gering ist, da zukünftige Branchenverhältnisse unter anderem von den spezifischen Faktoren einer Branche und unvorhersehbaren Wirtschafts- und Umweltbedingungen abhängen (Schultz, 2019). Dennoch genießt die Theorie der disruptiven Innovation eine hohe Popularität und wird trotz Kritik von vielen Politikern, Wissenschaftlern und Managern für die Erklärung von tiefgreifenden Veränderungen innerhalb einer Branche bemüht (Schultz, 2019).

Disruptive Innovationen basieren auf neuartigen Technologien und haben das Potenzial, eine gesamte Branche zu verändern in dem sie nicht nur neue Produkte und Dienstleistungen, sondern vor allem neue Geschäftsmodelle ermöglichen (Schultz, 2019). Die low-end disruption zeichnet sich dadurch aus, dass die neue Technologie ermöglicht Produkte und Dienstleistungen, die vorher nur im Premiumsegment angeboten wurden, auf Basis neuer Geschäftsmodelle auch im unteren Preissegment anzubieten (Christensen, 1997). Wie in Abbildung 7 zu sehen ist, zeichnen sich die disruptiven Konzepte zu Beginn durch eine geringere Produktleistung im Vergleich zu etablierten Produkten aus (Schultz, 2019).

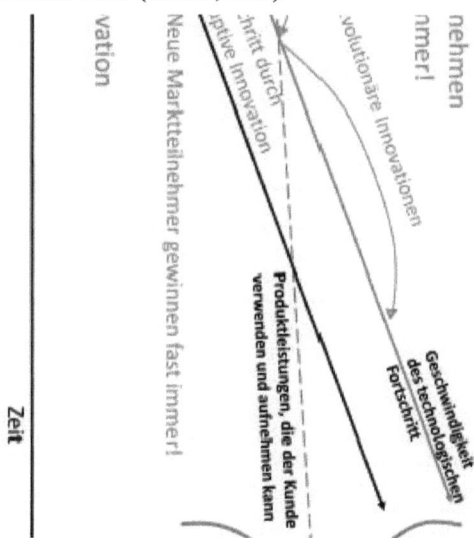

Abbildung 7: Disruptive Innovation (Schultz, 2019, S. 6)

Die auf disruptiven Technologien basierenden Produkte zeichnen sich zwar durch eine geringere Leistung aus, haben dafür i.d.R. andere Nutzenkomponenten, wie einen geringeren Preis oder einfachere Bedienbarkeit (Schultz, 2019). Etablierte Marktteilnehmer bedienen mit ihren qualitativ besseren Produkten eher die Luxussegmente einer Branche (Schultz, 2019). Sie versuchen durch evolutionäre Innovation die Leistungsindikatoren ihrer etablierten Produkte immer weiter zu verbessern (Christensen, 1997). Dementsprechend bedienen sie untere Marktsegmente kaum oder gar nicht (Schultz, 2019).

Dies ermöglicht neuen Marktteilnehmen, mit auf disruptiven Innovationen beruhenden Produkten und Dienstleistungen, die unteren Marktsegmente ohne Wettbewerbsdruck zu erobern (Christensen, 1997; Schultz, 2019). Mit der Zeit kann der Marktneuling seine Produktqualität verbessern bzw. sein Angebot ausweiten und so weitere Marktsegmente bedienen (Schultz,

2019). Das Gefährliche an disruptiven Innovationen ist, dass sich die zugrunde liegende Technologie meist schnell verbessern lässt, wodurch auch die Produktleistung schnell zunimmt und die Produktleistung von etablierten Unternehmen einholt bzw. überholt (Hoffmeister, 2022). Durch die steigende Bekanntheit des Unternehmens und schnell wachsender Produktleistung, wechseln vermehrt Kunden von den etablierten Unternehmen zu dem Marktneuling (Schultz, 2019). Das führt wiederum langfristig dazu, dass der neue Marktteilnehmer die etablierten Unternehmen einer Branche verdrängt und sich die Branche tiefgreifend verändert (Christensen, 1997; Schultz, 2019).

Die new market disruption zeichnet sich dadurch aus, dass auf Basis einer disruptiven Innovation Produkte und Dienstleistungen geschaffen werden, die bisher unbekannte Kundenbedürfnisse befriedigen (Christensen & Raynor, 2003). Da dadurch eine neuer Markt entsteht, in dem es noch keine etablierten Produkte gibt, können völlig neue Käufer angesprochen werden (Schultz, 2019). Häufig werden solche neuen Märkte von etablierten Unternehmen ignoriert, wodurch das neue Unternehmen ungehindert Marktanteile gewinnen kann (Schultz, 2019). Problematisch ist nur, dass durch die neuen Produkte häufig alte Produkte kannibalisiert werden, was langfristig zum Scheitern von etablierten Unternehmen führen kann, die diese alten Produkte anbieten (Christensen & Raynor, 2003). Dementsprechend stellen beide Formen der disruptiven Innovation eine Gefahr für alle etablierten Unternehmen einer Branche dar (Schultz, 2019)

Missverständlich bei der Theorie der disruptiven Innovation ist, dass die Disruption einer Branche kein einmaliges Ereignis ist, sondern sich über mehrere Jahre erstrecken kann (Schultz, 2019). Auch ist die Disruption kein Erfolgsgarant für neue Marktteilnehmer, vielmehr setzt sich auch dort der Beste durch (Schultz, 2019). Des Weiteren gilt es zu beachten, dass die Innovation nur insofern entscheidend für die Disruption ist, dass auf dessen Basis neue Geschäftsmodelle realisiert werden können (Schultz, 2019).

5 Bitcoins als disruptive Innovation in der Zahlungsabwicklung

Als eine new market disruption kommt der Bitcoin lediglich für die Zahlungsabwicklung von illegalen Aktivitäten infrage (Rosenberger, 2018; Schultz, 2019). Dadurch, dass Nutzer des Bitcoin-Netzwerkes sich für die Teilnahme nicht legitimieren und auch nicht ihren realen Namen angeben müssen, können sie weitestgehend anonym Überweisungen tätigen (Sixt, 2017). Das hat dazu geführt, dass Kriminelle begonnen haben, ihre Geschäfte über das Bitcoin-Netzwerk abzuwickeln (Rosenberger, 2018). Die darin gebotene Anonymität ermöglicht es, Geld nahezu unbemerkt über Landesgrenzen hinweg zu tranferieren, da dafür keine Beteiligung Dritter vonnöten ist (Rosenberger, 2018). Außerdem kann jeder Nutzer einer beliebige Anzahl an Bitcoin-Adressen verwenden und so jede Transaktion über ein neues Wallet abwickeln (Sixt, 2017). Da lediglich der S $_{\text{öffentlich}}$ des Nutzers bekannt ist, fällt es Strafverfolgungsbehörden besonders schwer die Identitäten der Nutzer herauszufinden (Rosenberger, 2018; Sixt, 2017). Nur unter Zuhilfenahme spezifischer Netzwerkanalysetechniken können Identitäten von Nutzern bzw. Nutzergruppen bestimmt werden und dass auch nur in seltenen Fällen (Rosenberger, 2018; Sixt, 2017). In Kombination mit dem Tor-Browser ermöglicht der Bitcoin für Kriminelle völlig neue Geschäftsmodelle wie Online-Shops, welche zuvor von komplizierter oder unsicherer Zahlungsabwickelung eingeschränkt wurden (Rosenberger, 2018; Sixt, 2017). Gesamtgesellschaftlich ist Anonymität bei der Zahlungsabwickelung allerdings nicht von existenzieller Bedeutung (Rosenberger, 2018). Der Bitcoin bzw. die Blockchain-Technologie kommt auf Grundlage der gebotenen Anonymität also eher nicht als new market disruption infrage (Rosenberger, 2018; Schultz, 2019; Sixt, 2017).

Trotzdem bietet der Bitcoin gegenüber traditionellen bargeldlosen Zahlungsmitteln viele Vorteile (Deloitte, 2018). Er ermöglicht weltweit eine sichere und transparente Zahlungsabwicklung, die keine zentralen Instanzen wie Banken benötigt und Gutschriften erfolgen zudem in den meisten Fällen deutlich schneller als bei klassischen Methoden (Deloitte, o.J.). Zudem können durch die Automatisierung von Zahlungsprozessen sowohl gesamtgesellschaftlich als auch für die Anwender die Kosten der Zahlungsabwicklung gesenkt werden (Fill & Meier, 2018; Schuster et al., 2020). Die zentralen Funktionen von Geld verdeutlichen jedoch die Limitationen des Bitcoins (Fill & Meier, 2018). Da neue unbekannte Währungen zunächst kaum als Tauschmittel akzeptiert werden, können sich diese nur schwer durchsetzen (Schuster et al., 2020). Auch der Bitcoin wird heutzutage nur sehr begrenzt als Tauschmittel akzeptiert, was damit seine Funktion als Geld einschränkt (Fill & Meier, 2018; Schuster et al., 2020). Des Weiteren schränkt die Volatilität der Bitcoin-Wechselkurse seine Funktion als Wertspeicher und Recheneinheit ein (Fill & Meier, 2018; Schuster et al., 2020). Der Geldschöpfungsprozess ist zwar in den Protokollen festlegt, sodass eine Inflation durch einen rapiden Anstieg der Geldmenge unmöglich ist, jedoch führt die Verwendung des Bitcoins als Spekulationsobjekt zu hohen Wechselkursschwankungen (Schuster et al., 2020). Da die erreichbare Geldmenge in der Bitcoin-Blockchain von Anfang an festgelegt wurde, gehen Experten davon aus, dass der Bitcoin eher deflationär angelegt ist (Deloitte, 2018). Hinzu kommt, dass durch den Verlust der S $_{\text{privat}}$ von Wallets regelmäßig Bitcoins verloren gehen, was die Geldmenge immer weiter minimiert (Rosenberger, 2018). Dies erschwert den Aufbau von auf Bitcoin basierenden Kreditmärkten erheblich (Deloitte, 2018). Eine Reaktion auf das Problem der enormen Kursschwankungen von Krypto-Assets war die Idee der Stablecoins (Powell & Curry, 2022; Schuster et al., 2020). Das Problem an Stablecoins ist jedoch, dass diese von einer zentralen Institution abhängen, die die Wertstabilität mittels Besicherung durch z.B. Einlagern von Fiat-Währungen durchführt (Powell & Curry, 2022; Schuster et al., 2020). Dies widerspricht wiederum dem zentralen Grundsatz von Krypto-Assets, unabhängig von einer zentralen Instanz zu sein (Schuster et al., 2020).

Auch aus technischer Sicht weist der Bitcoin noch einige Mängel auf, die es vor einem Durchbruch zu beseitigen gilt (Deloitte, o.J.; Schuster et al., 2020). Die benötigte Zeit zur Blockerstellung und vorgeschriebenen Maximalgröße eines Blocks von einem Megabyte, ermöglichen lediglich sieben Transaktionen pro Sekunde (Schuster et al., 2020). Verglichen mit den gängigen Visa- und Debit-Systemen, welche mehrere tausend Transaktionen pro Sekunde schaffen, ist der Bitcoin für den Massenzahlungsverkehr ungeeignet (Deutscher Bundestag, 2022; Schuster et al., 2020). Nach eigenen Angaben kann das Unternehmen VisaNet sogar bis zu 56.000 Transaktionen pro Sekunde abwickeln und ist dem Bitcoin damit weit überlegen (Deutscher Bundestag, 2022; Schuster et al., 2020). Die begrenzte Anzahl an möglichen Transaktionen hat unter anderem zur Folge, dass die Bestätigung einer Transaktion im Vergleich zu anderen im Massenzahlungsverkehr verwendeten Zahlungsmitteln mehrere Minuten länger dauert (Schuster et al, 2020). Dementsprechend ungeeignet ist der Bitcoin für die Zahlungsabwicklung im Alltag (Schuster et al., 2020).

Low-end Disruptionen zeichnen sich zwar durch eine anfänglich geringere Produktleistung aus, dennoch muss durch Verbesserung der zugrundeliegenden Technologie die Leistung etablierter Produkte erreichbar sein (Schultz, 2019). Jedoch ist die Skalierbarkeit der Bitcoin-Blockchain durch den enormen Energieverbrauch und die begrenzte Zahl an möglichen Transaktionen stark eingeschränkt (Rosenberger, Schuster et al., 2020). Inzwischen übersteigt der Energieverbrauch des Bitcoin-Netzwerkes den ganzer Länder (Schuster et al., 2020). Aufgrund des hohen Energieverbrauchs wurde das Mining z.B. in China gänzlich verboten (Wurzel, 2021). Die Schätzungen beruhen nur auf dem Energieverbrauch für das Mining selbst und berücksichtigen die Energie, die für die Kühlung der Anlage benötigt wird, nicht (Schuster et al., 2020). Auch alternative Coins, wie Ethereum oder Litecoin, konnten, trotz Verwendung anderer Konsens-Algorithmen, diese Probleme noch nicht beheben (Schuster et al, 2020; Sixt, 2017). Zusammenfassend ist der Bitcoin nur der erste Versuch, eine neue Technologie im Markt zu etablieren und hat aufgrund technischer Mängel nur wenig disruptives Potenzial (Deloitte, 2018; Meier, 2018; Schuster et al., 2020).

Insgesamt wird der Blockchain-Technologie jedoch von vielen Experten ein disruptives Potenzial attestiert (Deloitte, 2018; Deloitte, o.J.; Fill & Meier, 2018; Schuster et al., 2020; Sixt, 2017). Sollten die technischen Hindernisse der noch unausgereiften Technologie beseitigt werden, würde dies ein neues globales Geldsystem ermöglichen, was zu tiefgreifenden Veränderungen in der Branche der Zahlungsabwicklung führen würde (Deloitte, o.J.; Fill & Meier, 2018; Schuster et al., 2020). Auf Basis der Blockchain wäre das Vertrauen in zentrale Instanzen bei der Zahlungsabwickelung nicht mehr nötig und durch den hohen Grad der Automatisierung wäre der Zahlungsverkehr deutlich schneller (Schuster et al., 2020). Zudem wären Besitzverhältnisse in nicht anonymen P2P-Netzwerken zu jeder Zeit in einem globalen Register einsehbar und könnten sich unmissverständlich zuordnen lassen (Brühl, 2018; Deloitte, o.J.). Für Unternehmen würden Buchhaltung und Dokumentation obsolet, da die Blockchain alle Transaktionen öffentlich einsehbar abspeichert, womit Manipulationen in der Buchhaltung unmöglich wären (Deloitte, o.J.). Dies würde die Wirtschaftsprüfung erheblich vereinfachen und auch Reportings könnten auf Basis der Daten einer Blockchain automatisiert erstellt werden (Deloitte, o.J.; Sixt, 2017). Eine derartige Entwicklung würde dazu führen, dass Intermediäre wie Banken oder Notare für den Handel von Waren und Dienstleistungen nicht mehr benötigt werden würden (Deloitte, o.J.; Schuster et al., 2020). Problematisch ist jedoch, dass sich geldpolitische Maßnahmen kaum in eine Blockchain implementieren lassen (Fill & Meier, 2018). Diese basieren auf der Beurteilung der aktuellen konjunkturellen Entwicklung und werden z.B. durch Anpassung des Leitzinses umgesetzt (Deutsche Bundesbank, 2021; Fill & Meier, 2018). Aufgrund der mangelhaften Möglichkeiten Inflation und Deflation bei Krypto-Assets zu beeinflussen, wäre es schwer auf die wirtschaftliche Entwicklung mit geldpolitischen Maßnahmen zu reagieren (Fill & Meier, 2018).

Auf Basis der bisherigen Entwicklung lässt sich nur schwer einschätzen, ob die Blockchain tatsächlich eine disruptive Innovation ist oder nicht (Fill & Meier, 2018). Jedoch bietet sie viele Vorteile gegenüber den aktuellen Systemen, was sie für den Einsatz im Finanzsektor sehr attraktiv macht (Deloitte, o.J.; Fill & Meier, 2018; Schuster et al., 2020). Ob es letztendlich zu einer Disruption in der Finanzbranche durch die Blockchain kommt, hängt davon ab, ob heutige technische Probleme sich beseitigen lassen (Deloitte, o.J.; Fill & Meier, 2018; Schuster et al., 2020).

6 Fazit

Zusammenfassend lässt sich der Bitcoin in der Branche der Zahlungsabwicklung nach dem Konzept von Christensen nicht als disruptive Innovation einordnen. Der Bitcoin erfüllt einerseits nicht die Funktionen von Geld als Tauschmittel, Wertspeicher und Recheneinheit und andererseits ist die Skalierbarkeit der Blockchain-Technologie hinter dem Bitcoin sehr begrenzt. Dementsprechend kann der Bitcoin die Produktleistung klassischer Zahlungsmittel auch langfristig nicht erreichen.

Dennoch bietet der Bitcoin gegenüber klassischen Zahlungssystemen verschiedene Vorteile, wie den Verzicht auf zentrale Institutionen, Transparenz und einen nahezu perfekten Schutz vor Manipulationen.

Diese Vorteile verdeutlichen das disruptive Potenzial der Blockchain-Technologie, welches durch die Beseitigung technischer und geldpolitischer Restriktionen ausgeschöpft werden könnte. Können die Probleme wie die Volatilität der Wechselkurse, die beschränkte Transaktionszahl und der hohe Energieverbrauch gelöst werden, würde die Blockchain-Technologie den Handel und damit einhergehende Zahlungen deutlich vereinfachen und beschleunigen. Zusammenfassend lässt sich eine Disruption der Finanzbranche durch die Blockchain-Technologie anhand des aktuellen Wissensstandes der Gesellschaft weder vorhersagen noch ausschließen.

IV. Literaturverzeichnis

Adelmann, Q.G. & Sheeler, D. (2021). *Quick Guide Bitcoin Wie Sie sich auf die finanzielle Transformation vorbereiten.* Berlin, Heidelberg, Wiesbaden: Springer.

Ametrano, F. M. (2016). *Hayek Money: the Cryptocurrency Price Stability Solution.* Verfügbar unter: https://papers.ssrn.com/sol3/papers.cfm?abstract_id=2425270 (20.06.2022)

Arnold, J. (2018). Das Kapitalmarktgeschäft in der Digitalisierung. In V. Brühl & J. Dorschel (Hrsg.). *Praxishandbuch Digital Banking* (S. 277–290). Berlin, Heidelberg, Wiesbaden: Springer.

Balz, B. (2020). *Geld braucht Vertrauen.* Verfügbar unter: https://www.bundesbank.de/de/presse/gastbeitraege/geld-braucht-vertrauen-850176

Balz, B. (2021). *Zahlungsverhalten in Deutschland 2020 – Erhebung im Jahr der Corona-Pandemie.* Verfügbar unter: https://www.bundesbank.de/resource/blob/823068/9dd82b63e79f0dc7cbcfa61376f1df14/mL/2021-01-14-zahlungsverhalten-praesentation-data.pdf (20.06.2022)

Berentsen, A. & Schär, F. (2017). *Bitcoin, Blockchain und Kryptoassets.* Norderstedt: Books on Demand.

Brühl, V. (2018). Banking 4.0 – Strategische Herausforderungen im digitalen Zeitalter. In V. Brühl & J. Dorschel (Hrsg.). *Praxishandbuch Digital Banking* (S. 3–12). Berlin, Heidelberg, Wiesbaden: Springer.

Christensen, C. M. & Raynor, M. E. (2003). *The Innovator's Solution – Creating and Sustaining Successful Growth.* Boston: Havard Business Review Press.

Christensen, C. M. (1997). *The Innovator's Dilemma: The Revolutionary Book that will Change the Way You Do Business.* Boston: Havard Business Review Press.

Deloitte (2018). Bitcoin: Welchen Wert hat die Kryptowährung - Whitepaper zu Geldschöpfung, Geldwertstabilität und Chancen des Bitcoin. Verfügbar unter: https://www2.deloitte.com/de/de/pages/innovation/contents/bitcoin-wert-der-kryptowaehrung.html (06.08.2022)

Deloitte (o.J.). Was sind die Chancen und Risiken der Blockchain - Deloitte erklärt, was hinter der Blockchain Technologie steckt. Verfügbar unter: https://www2.deloitte.com/de/de/pages/innovation/contents/Blockchain-Game-Changer.html (06.08.2022)

Deutsche Bundesbank (2014). *Sepa "einfach erklärt"*. Verfügbar unter: https://www.bundesbank.de/de/aufgaben/unbarer-zahlungsverkehr/serviceangebot/sepa/sepa-einfach-erklaert--603346?enodia=eyJleHAiOjE2NTk3OTI5ODAsImNvbRlbnQiOnRydWUsImF1ZCI6ImF1dGgiLCJlb3N0Ijoid3d3LmJlbmRlc2JhbmsuZGUiLCJTb3VyY2VJUCI6Ijc3LjIwMC42NCIsIkNvbmZpZ0lEIjoiMGUwWjhmmODBkNDgzNmIxMjMzODQzMzc0ODY4YTNkNjQ4MjM2OTc3YmI5Y2UxNTRlODk3NWMyODNhZDY1MzUwZShSJ9.Ss6tVqshBDuhBHZ-mForQbLR9NVm4OBUPzJ1Fp0Z8YM= (20.06.2022)

Deutsche Bundesbank (2019). *Was ist Geld*. Verfügbar unter: https://www.bundesbank.de/de/service/schule-und-bildung/erklaerfilme/was-ist-geld--800972 (20.06.2022)

Deutsche Zentralbank (2021). *Wie entsteht Geld – Zentralbankgeld*. Verfügbar unter: https://www.bundesbank.de/de/service/mediathek/videos/wie-entsteht-geld-zentralbankgeld-614080 (20.06.2022)

Deutschen Zentralbank (o.J.). *Bargeldstrategie des Eurosystems und Rolle des Bargelds*. Verfügbar unter: https://www.bundesbank.de/de/aufgaben/bargeld/bargeldstrategie-des-eurosystems/bargeldstrategie-des-eurosystems-und-rolle-des-bargelds-859122 (21.06.2022)

Deutscher Bundestag (2022). *Daten zu Transaktionen von Zahlungssystemen*. Verfügbar unter: https://www.bundestag.de/resource/blob/890686/b30c602e3905762c0b4757850028da07/WD-4-036-22-pdf-data.pdf (06.08.2022)

Dörner, A. & Müller, M. (2021). *Bitcoin, Ether und Co.: Der Krypto-Markt wächst weiter – aber anders als zuvor*. Verfügbar unter: https://www.handelsblatt.com/finanzen/serie-anlegen-2022-teil-8-kryptowaehrungen-bitcoin-ether-und-co-der-krypto-markt-waechst-weiter-aber-anders-als-zuvor/27919394.html (25.06.2022)

Europäische Zentralbank (2022). *Geldpolitik.* Verfügbar unter: https://www.ecb.europa.eu/ecb/tasks/monpol/html/index.de.html#:~:text=Wir%20halten%20die%20Preise%20stabil,eine%20Inflationsrate%20von%202%20%25%20an. (18.06.2022)

Fill, H.G. & Meier, A. (2020). *Blockchain kompakt - Grundlagen, Anwendungsoptionen und kritische Bewertung.* Berlin, Heidelberg, Wiesbaden: Springer.

Handelsblatt (2022). *Der Crash an den Kryptomärkten ist der Beginn einer großen Marktbereinigung.* Verfügbar unter: https://www.handelsblatt.com/meinung/homo-oeconomicus/gastkommentar-homo-oeconomicus-der-crash-an-den-kryptomaerkten-ist-der-beginn-einer-grossen-marktbereinigung/28519928.html (22.06.2022)

Hanl, A. & Michaelis, J. (2017). Kryptowährungen – ein Problem für die Geldpolitik. *Wirtschaftsdienst, 5,* 363-370.

Hoffmeister (2022). *Digitale Innovationen.* Unveröffentlichte Vorlesungfolien. Hamburg: Hochschule Fresenius

Hungerland, F., Quitzau, J., Rotterdam, J., Hüning, H. & Vöpel, H (2017). *Die Zukunft des Geldes - das Geld der Zukunft. Strategie 2030 - Vermögen und Leben in der nächsten Generation.* Hamburg: Berenberg Bank und Hamburgisches Welt Wirtschafts Institut (HWWI).

Ivanov, A. (2021). *Das sollten Bankkunden zur Dauer einer Überweisungen wissen.* Verfügbar unter: https://www.handelsblatt.com/finanzen/banken-versicherungen/banken/ueberweisungsdauer-das-sollten-bankkunden-zur-dauer-einer-ueberweisungen-wissen/25362764.html (13.06.2022)

Jacobitz, S. (2021). *Anonymes Konto eröffnen – Welche Möglichkeiten gibt es.* Verfügbar unter: https://finania.de/anonymes-kon-to/#:~:text=In%20Deutschland%20ist%20es%20nicht,vor%20allem%20bei%20Steuerbetr%C3%BCgern%20beliebt. (20.02.2022)

Kaupp, F. & Giera, E. (2018). Zahlungsverkehr: vom Überweisungsträger zu Instant Payments. In V. Brühl & J. Dorschel (Hrsg.). *Praxishandbuch Digital Banking* (S. 228–258). Berlin, Heidelberg, Wiesbaden: Springer.

Kerscher, D. (2018). *Handbuch der digitalen Währungen. Bitcoin, Litecoin und 150 weitere Kryptowährungen im Überblick.* Dingolfing: Kemacon.

Ledger Academy (2022). *Was ist Blockchain.* Verfügbar unter: https://www.ledger.com/de/academy/was-ist-blockchain (20.06.2022)

Lietzau, J. (2022). *So überweist Du Geld ins Ausland.* Verfügbar unter: https://www.finanztip.de/auslandsueberweisung/ (20.06.2022)

Merkle, R.C. (1988). A Digital Signature Based on a Conventional Encryption Function. In C. Pomerance (Hrsg.). *Advances in Cryptology — CRYPTO '87. CRYPTO 1987. Lecture Notes in Computer Science, vol 293* (S. 369-378). Berlin, Heidelberg, Wiesbaden: Springer.

Nestler, F. & Siedenbiedel, C. (2018). *Die ersten 10.000 Sparkassen-Überweisungen in Echtzeit.* Verfügbar unter: https://www.faz.net/aktuell/finanzen/meine-finanzen/geld-ausgeben/echtzeitueberweisung-bei-der-sparkasse-vorsicht-kosten-15684421.html (20.06.2022)

PayPal (2022). *PayPal Nutzungsbedingungen.* Verfügbar unter: https://www.paypal.com/de/webapps/mpp/ua/useragreement-full#int_16 (20.06.2022)

Powell, F. & Curry, B. (2022). *Stablecoin-Crash: Hedgefonds verkaufen Tether, Regulierung steht bevor.* Verfügbar unter: https://www.forbes.com/advisor/de/kryptowaehrungen/stablecoin-crypto-crash/ (25.06.2022)

Rosenberger, P. (2018). *Bitcoin und Blockchain - Vom Scheitern einer Ideologie und dem Erfolg einer revolutionären Technik.* Berlin, Heidelberg, Wiesbaden: Springer.

Schacht, S. (2019). Die Blockchain-Technologie. In S. Schacht & C. Lanquillon (Hrsg.). *Blockchain und maschinelles Lernen - Wie das maschinelle Lernen und die Distribu-*

ted-Ledger-Technologie voneinander profitieren (S. 3-82). Berlin, Heidelberg, Wiesbaden: Springer.

Scheider, D. (2019). *Eine kurze Geschichte der Bitcoin-Knotenpunkte: Deutschland ist Full-Node-Vizeweltmeister.* Verfügbar unter: https://www.btc-echo.de/news/eine-kurze-geschichte-von-bitcoin-knotenpunkten-deutschland-ist-full-node-vize-weltmeister-66893/ (20.06.2022)

Schultz, C. (2019). Theorie der disruptiven Innovation. *WiSt, 7,* 4-11.

Schuster, P., Theissen, E. & Uhrig-Homburg, M. (2020). Finanzwirtschaftliche Anwendungen der Blockchain-Technologie. *Schmalenbachs Zeitschrift für betriebswirtschaftliche Forschung, 72,* 125–147.

Sixt, E. (2017). *Bitcoins und andere dezentrale Transaktionssysteme - Blockchains als Basis einer Kryptoökonomie.* Berlin, Heidelberg, Wiesbaden: Springer.

Traugott, P. (2022). *Wie lange dauern Bitcoin-Transaktionen.* Verfügbar unter: https://kryptozeitung.com/wie-lange-dauert-eine-bitcoin-transaktion/ (20.06.2022)

Viehmann, J. (2019). *Unleugbare Daten und digitale Währungen - Blockchain und Bitcoin im Vergleich zum S-Netzwerk mit dem Einweg Bezugsmittel Jad.* Berlin, Heidelberg, Wiesbaden: Springer.

Wurzel, S. (2021). *China verbietet Kryptogeld-Handel.* Verfügbar unter: https://www.tagesschau.de/wirtschaft/finanzen/china-kryptowaehrungen-101.html (06.08.2022)